# SUMAK KAUSAY (BUEN VIVIR)
## PARA UN AUTISMO FLORECIENTE

Contextos y significados de la experiencia
desde el Sur Global andino

Coni Danegger, PhD

Coni Danegger, PhD, *Sumak Kausay (Buen Vivir) para un autismo floreciente. Contextos y significados de la experiencia desde el Sur Global Andino*. Salta: Mama Quilla, noviembre 2024.

ISBN 9798346068952

Vivo en el norte andino de Argentina, en un pueblo que es sede de dos comunidades indígenas Kolla: Urkuwasi y Condorwasi. Llegué aquí para ayudar a criar, durante un tiempo, animales de granja -lo cual hice compatible con y colaborar con personas autistas y seguir escribiendo, en noches y madrugadas, sobre educación y desarrollo en autismo.

Esta experiencia de compartir espacio-tiempo en el contexto propio de comunidades indígenas abiertas a la interculturalidad y el intercambio global dio sentido y contexto, al fin, a ecos de mi infancia: mis dos abuelas -fallecidas hace tiempo- provienen de un pueblo rural cuyos habitantes con los mismos apellidos que ellas transmitieron forman parte ahora de la comunidad indígena Diaguita-Calchaquí.

Había tenido antes reencuentros con algunas de mis raíces, en varios desplazamientos algo imprevistos, en el largo tiempo de la pandemia. Justo cuando, de modo sorprendente, coincidieron en empezar grandes cambios en la indagación, comprensión y prácticas relacionadas con el autismo, especialmente en primera persona, que empezaron a remontarse como nunca antes.

Participé en ello a pleno, haciendo mi propio camino de indagación, comprensión y prácticas, en diversos contextos urbanos y rurales, siendo una mujer autista. Estas líneas son fruto de parte de lo que aprendí en ese trayecto, así como de enseñanzas provenientes del pueblo Q'ero, de Perú.

Contienen aspectos que podrían ser de utilidad para quienes buscan, ahora mismo, claves frescas para una renovación hacia el desarrollo personal y el bienestar de las personas autistas, siguiendo líneas al mismo tiempo probadas a lo largo de generaciones.

Comparto aquí contigo algunas de las pistas de contextos y significados relacionados con la noción de *Sumak Kausay* ("buen vivir, buena vida", en quechua) que contribuyeron a que volviera a encontrarme ahora como de vuelta con y en el amplio mundo del autismo y del mundo académico, y con mis pares.

Posiblemente quien lea encuentre algunos trazos de la ciencia más actual redescubriendo, en sus propios términos y lógica, causas y saberes vividos desde antiguo. En esta aproximación no me referiré a categorías aplicadas comúnmente al autismo (por ejemplo, "discapacidad", "alteraciones", o siquiera "diferencias"). Tampoco haré un elenco sistemático de dispositivos prácticos o consejos en base a estas claves andinas.

Dejo todo ello, y más, para otra oportunidad. Tal vez para realizarlo *en minga*: como encuentro entre el pensamiento andino y el de otras regiones del mundo, entre otras las del llamado "mundo occidental". Teniendo en perspectiva también la experiencia humana interplanetaria, ya próxima.

Por un autismo floreciente.

Coni Danegger
La Caldera, noviembre 2024

# EL MUNDO Y EL COSMOS COMO FAMILIA

La cosmovisión andina concibe el mundo como una familia compuesta por dioses, pueblos (*ayllus*), *runas*, *warmis y wawas* (hombres, mujeres, infancias), y que abarca también animales, plantas, minerales, y lugares enteros, por ejemplo montañas (*Apus*). Tan diversos miembros de familia, formando una sola historia que, a través del tiempo, es continuamente regenerada y recreada.

En esta vivencia, el planeta Tierra en el que estamos siendo forma parte del cosmos: familia y comunidad con Tayta Inti (el sol), Mama Quilla (la luna) o las Waras (estrellas) que forman parte de nuestro cotidiano.

Esos dioses familiares, que cotidianamente son mencionados con naturalidad dentro del mundo andino, no son objeto de adoración, ni están, por ejemplo, en un Panteón lejano.

Más allá de los mitos originarios, se los percibe instintivamente y nombra de forma práctica como elementos vitales de la existencia. Son la tierra, el sol, el agua, el viento, el fuego...

Podemos hablarles, hacerles regalos o pedirles lo que necesitamos, y no a manera de súplicas, sino reconociendo su acción.

En las culturas andinas, las personas se dirigen a esos dioses con cercanía y confianza, como en una conversación continua; sin fórmulas o acartonamientos.

Con particular veneración a ancestros, a las personas mayores.

Y a quien ordena todo aquí: Tayta Inti, el sol. Y Pachamama, la Madre Tierra.

Los seres humanos somos (solo) algunos de los integrantes de esa familia global, cósmica.

# LA MADRE TIERRA COMO HOGAR COMÚN

Esta familiaridad con el mundo hace centro y hogar en Pachamama, la Madre Tierra.

Ella es al mismo tiempo, y trasciende, cada terrón y el planeta Tierra íntegro.

Es concebida como entidad que abraza y contiene cada uno de los seres que están siendo y cada una de de sus interacciones, proveyendo armonía, desarrollo, encuentro.

Los ciclos de movimiento y vida, que abarcan también los finales y la muerte, en esta comprensión, forman parte del ritmo de Pachamama, en quien todo encuentra sentido.

# SER EN FAMILIA Y COMUNIDAD

La concepción andina del mundo está fundada en nociones que engloban y muestran matices de las ideas de 'familia' y 'comunidad' (estos palabras designan las visiones compartidas, con diferencias culturales, desde las lenguas occidentales). En los Andes, es el *ayllu*.

No se identifica necesariamente con ámbito de la familia de sangre, y en algunos casos la trasciende. *Ayllu* impregna y significa diversas formas de relación, también de forma espiritual y por elección de vínculos.

En primer lugar, hace referencia a la persona misma, que se concibe como comunidad en sí, realizándose en el estar-siendo y desarrollo de sus varias dimensiones.

*Ayllu* es también social y cultural, en referencia a otros seres humanos.

Este sentido familiar y de ser comunitario también abarca a los dioses andinos, y animales (sagrados, domésticos, de granja o pastoreo...), plantas, objetos (casas, tejidos, cestos, vasijas...), y también lugares.

# CADA CUAL Y TODO

"Todo está vivo", dicen los abuelos y abuelas de los Andes.

Todo y cada ser, formando un todo.

Todo relacionado con todo.

Dentro de ese todo, cada ser, en su espacio-tiempo, como lo único y más importante.

Dando vida al todo.

También, tú.

Y cada parte de ti.

# UN MUNDO SIN DESPERDICIOS

Pachamama acoge a cada ser sin rechazar ninguno. Tiene lugar para todos y cada uno.

No distingue seres convergentes o divergentes. Cada uno de los que está siendo es único.

Aceptado como es y está siendo.

Cada especie, cada persona, animal o planta, e incluso cada fruto, cada hoja. Cada piedra, grande o pequeña. Cada grano de arena, médano y montaña.

Al mismo tiempo, cada ser está siendo en movimiento, dentro de alguna de las formas del cambio.

En los cambios que implican las estaciones del año, o de la vida.

En cada cambio de luna, cada ciclo menstrual, cada cambio de ciclo.

En cada brote y cada herida.

Cada aparente equivocación, rotura, pérdida, muerte o recomienzo.

Ningún ser ni ninguna vida es desperdicio o desperdiciada.

Todas y cada una es valiosa y hacen falta.

Ningún tramo de la vida del *ayllu*, tampoco la de nada o nadie, es desperdicio.

Bajo la lluvia y luego cuando sale el sol, y las pequeñas hojas o las ramas secas que han caído de los árboles yacen en el suelo. Para Pachamama son parte del ciclo de la vida, renovándose al ir transmutándose en humus, raíces, tronco, hojas, flores, frutos.

# DIMENSIONES DE LA EXISTENCIA

La existencia humana, como los Andes, tiene dimensiones que son concebidas espacialmente y en relación con formas de la vida.

Las vidas personales transcurren en el *kay pacha,* que es este mundo que vemos y habitamos.

Al mismo tiempo, en relación con un mundo que se concibe como superior y más amplio, cuyos animales característicos vuelan o son más livianos: es el *hanaj pacha*.

Otra dimensión de su existencia está unida al inframundo, el *urku pacha,* poblado por una variedad de personajes y mitos.

Estos mundos conviven e interactúan en la subjetividades de las personas en los Andes, formando parte de su camino personal de autoconocimiento y autoaceptación.

# VOLVER A EMPEZAR

El tiempo andino es cíclico.

Se renueva repitiendo hitos, alrededor de las reiteraciones de Pachamama: en estaciones del año, movimientos del sol, las constelaciones, la luna.

Indica tiempo para todo, como la naturaleza.

Tiempos de trabajo, de fiesta, de descansar, de hacer descansar.

Tiempo de guardar la semilla y tiempo de sembrar, tiempo de la primera cosecha y de la gran cosecha.

Todos los tiempos tienen sentido: sus épocas de cambio vertiginoso, podas o tormentas, sus lapsos de espera, sus aparentes lentitudes.

En ello cada ser va llevando su propio ritmo, que es observado y respetado por la sabiduría ancestral.

Con la marca de oportunidades renovadas para volver a empezar.

# COMPLEMENTARIOS

La cultura andina no tiene afición por arbitrariedades sin sentido vital.

Por ejemplo, por motivos de estética externa o *pour la gallerie*, "para que vean mirones o mironas".

Pachamama es auténtica.

Para ella, una rosa en flor no es mejor en sí misma que el humus que contribuyó y forma parte de la plenitud de la rosa.

Esa misma rosa será humus, en otro espacio-tiempo. También en plenitud.

Del mismo modo, reconoce dos energías que se distinguen e igualmente valoran: una energía es refinada (*sami*) y otra, densa (*hucha*).

La energía refinada no es mejor que la densa: es distinta. Se corresponde con determinadas situaciones o condiciones.

La energía densa también es válida, necesaria, complementaria al servicio de la vida.

Igualmente, algunas direcciones de la acción son para *armonizar*.

La aceptación de lo que está siendo lleva, en la matriz de Pachamama, a buscar o hacer progresar su armonía, consigo mismo y con el resto.

La noción de todo y diverso implica el movimiento, espacios-tiempos y ritos de armonización, como parte del camino hacia el *Sumak Kausay*.

Cambiando o devolviendo disposición, orden o forma, hacia a la que plenfica y realiza cada ser, mientras está siendo.

Sin dejar en ello cada cual de ser lo que es.

También *sami*, la energía refinada, puede necesitar armonizarse.

*Hucha* también, y seguiría siendo energía densa, aunque armonizada.

# PURIFICAR

A lo largo del camino nos ensuciamos, acumulamos, perdemos claridad.

Para armonizar, antes de accionar rellenando o remediando, la cultura andina hace una pausa, observa y limpia.

No para dejar impecable, perfecto o inocuo, sino para volver al origen y renovar, recomenzando ciclos.

Hay muchos ritos andinos, y también días especiales del año, dedicados a la purificación, limpieza o *pampachay*.

De casas, cuerpos, pensamientos, intenciones, objetos.

Al fluir de Mama Cocha, la sagrada madre del agua, y muchas veces contando con la participación de Tayta Inti (el sol), Mama Quilla (la luna), o Tayta Huayra (el viento).

Con ayuda de hierbas, flores o raíces de plantas sagradas o de cultivo doméstico. Con sal. A veces, con tierra. Con sahumerios. Con cantos e invocaciones. Con lavarropas, jabones, escobas y plumeros.

A veces, con ayuda de personas especialistas en

cuestiones específicas. Contando en ello, ahora, con auxilio de ciencias y profesiones.

Habitualmente, de modo personal, en base a la observación y comprensión de sí en interacción con los elementos de la naturaleza. Atendiendo las pistas de la sabiduría ancestral.

# ALIMENTAR Y CURAR

Pachamama, la naturaleza, es quien cura, quien restablece el equilibrio.

La cosmovisión andina concibe que la desarmonía y el malestar afectan no solo a las personas, sino a sus entornos (sus casas o puestos), y también a la naturaleza.

Por eso, el armonizar debe hacerse también en esos otros ámbitos.

La alimentación tiene también funciones de medicina, para nutrir, prevenir o curar.

De modo ordinario, las personas administran sus propios *hampis*, botiquines con hierbas curativas.

Las comunidades confían algunas tareas, espirituales y de curación en la medicina tradicional, en sus *yatiris*.

Su acción y forma de preparación es transmitida de una generación a otra, como parte de la iniciación en los *runa warmi*, los momentos de la vida.

# APEGO Y CRIANZA

Las familias andinas no suelen experimentar el sentido de posesión o pertenecia en exclusiva de sus hijos e hijas que se encuentra como característico en Occidente.

Más bien, existe por un lado la percepción de que las *wawas* están unidas de forma particular al mundo misterioso de los dioses, en particular Pachamama, la amorosa Madre Tierra.

Por otra parte, son del *ayllu*. De hecho, aspectos de la crianza se hacen en comunidad, en medio de las rondas de comadres.

La supervisión de las abuelas tiene en cuenta la sabiduría ancestral para interpretar señales y señalar qué hacer, en las distintas situaciones de las wawas de la comunidad.

Igualmente, muchas veces se reconoce a las madres, a veces también padres, de los Andes porque llevan  su *qepi* de tela de lana en la espalda, cargando, envuelta y fajada, una *wawa* pequeña.

Desde esta relación de cercanía en los inicios de su vida, hijos e hijas andinos se inician en la participación de la vida, tiempos y actividades del *ayllu*, al mismo tiempo que construyen una visión del mundo desde vínculos de apego.

Con el primer corte de pelo, cerca de los tres años, llega su primer hito de autonomía, celebrado por todo lo alto con fiesta por la comunidad.

# ACOMPAÑAR, PARTICIPAR, PRACTICAR

La cultura andina educa desde la presencia, el acompañamiento y la práctica. No de la enseñanza explícita.

El acompañamiento es primero de parte de las *wawas*, asistiendo y presenciando cada paso, acción, intercambio.

Luego, con su curiosidad y acción autónoma, observando y preguntando a la gente mayor.

Después, practicando.

Allí, la presencia que es educación se troca la de quien les observa, pregunta, anima, guía.

De modo cercano, o remoto, cuando la gente joven del *ayllu* se inicia en formas más avanzadas, de acuerdo al paso del tiempo.

Con progresiva mayor autonomía: desde ser ayudante en los quehaceres domésticos, a responsable de tareas con cada vez mayor envergadura; hasta luego poder realizar muchas y todas las tareas de forma autónoma fuera del hogar.

Formando luego, hacia la adolescencia, un hogar propio, a manera de prueba.

Probando también las relaciones de elección y formación de familia propia, mediante el *sirviñaco*.

Con el acompañamiento de ancestros y ancestras, abuelas y abuelos del *ayllu* y toda su sabiduría.

Y el ciclo recomienza.

# SOLEDAD, SENTIDO DE SÍ Y AUTONOMÍA

La vivencia de estar en soledad durante horas, días o semanas es experiencia común en las montañas, desde la niñez o adolescencia.

Implica cuidar y atender de sí, y ser buena compañía para sí, construyendo y alimentando la intimidad del *ayllu*, todo uno y diverso, personal.

También desenvolverse de forma autónoma en los quehaceres domésticos y de trabajo cotidiano.

Cuidar y trasladar animales de pastoreo, o encargarse de su esquila.

Planificar y realizar tareas de mediano y largo plazo, como las de calendarios de siembra y cultivo.

Contribuir a la construcción continua de la casa -como ser vivo que es.

Dedicarse a la confección de tejidos, conservas, curtiembres, para uso propio o para intercambiar.

Atender la interioridad de una voz elocuente, asertiva y segura.

Recordar saberes e historias y conservar los nuevos recuerdos para compartir de vuelta en la comunidad.

Quien está en soledad de esta manera, sigue formando parte de la comunidad.

# RECONOCER LA PROPIA EXPERIENCIA

Mientras transcurre el año se renuevan costumbres cotidianas, y con ello también fiestas.

En algunos casos, coincidiendo con lo que es más útil o conveniente, o con la disposición de lo que existe.

Así, por ejemplo, hay comidas de invierno y de verano, con distintas propiedades nutritivas y de acuerdo a los alimentos que se producen en ese tiempo.

Pero también reconociendo cómo la interacción del mundo nos hace experimentar y experimentarnos.

En comunidad, por ejemplo reconociendo, validando y haciendo rito y fiesta de la variedad de emociones, sensaciones o estados de ánimo que transcurren en el año del *ayllu*.

Así, acompañando los ritmos vitales de los tiempos del año, hay por ejemplo instrumentos y modos de hacer música. En invierno, de forma más grave, triste y melancólica; en verano, más aguda, animada y festiva. Las cajas bagualeras, reflejo y vehículo de expresión de la subjetividad andina, tienen, por ejemplo, estas dos formas y usos.

# SILENCIO Y MISTERIO

El silencio andino se recorta en los sonidos de la vida, en montañas, valles, mesetas, quebradas y llanuras, .

La cosmovisión andina respeta y valora particularmente ese silencio - así como, en sus espacios-tiempo, el intercamcio de palabras o coplas, la risa y la bulla de la celebración y la fiesta.

El peculiar silencio de la gente andina no es señal de vacío, ignorancia o desdén.

Se lo vive como experiencia y ámbito de intimidad,  y apertura a la escucha.

También, contexto de contemplación y descubrimiento del misterio.

# SALUDAR

El acto de saludar es particularmente venerado en el mundo andino.

Tal vez favorecido por la circunstancia de que es frecuente trasladarse largos trechos, muchas veces caminando o montando animales, o de que algunas comunidades son trashumantes.

Las palabras de saludo no son meros formalismos de paso o fórmulas huecas.

Muchas veces las personas tienen palabras preferidas, elegidas con esmero, para expresar su saludo como forma de bendición.

Hay palabras tradicionales de saludo que revelan deseos, intenciones o códigos comunes de conducta:

*"Ama sua*: no seas ladrón.
*Ama llulla*: no seas mentiroso.
*Ama quella*: no seas ocioso".

# MÚSICA Y DANZA

La cosmovisión andina se expresa en los lenguajes de la música y la danza como sistemas de conocimiento, comunicación e intercambio social.

La danza, ocasión de fiesta, encuentro y descanso, es algo ritual y se basa en diversos ritmos y armonías familiares.

La música se escucha y también se hace, en comunidad. Forma parte de la experiencia cotidiana como forma aceptada de comunicación de los propios sentimientos, deseos y pensamientos.

Por ejemplo, en el canto con caja, de forma individual, en ronda de comadres o compadres, o con la gracia y chispa del contrapunto y la competencia en la improvisación.

Suponen aprendizaje y entrenamiento, que son muy valorados en las comunidades.

# PAGO Y DON

El 1 de agosto es fiesta de purificación en el mundo andino: comienza el mes de Pachamama.

En cada hogar se realiza una enérgica limpieza, a veces general. Desde temprano se divisan los humos de la quema de objetos en desuso, así como de sahumerios.

El 2 de agosto suelen empezar las amorosas ceremonias de celebración, que son a la manera de pago a la Madre Tierra.

En todas partes las personas se reúnen en torno a una excavación en la tierra, habitualmente hecha el año anterior, y el anterior.

Cada vez, primero para ver si la Pacha ha consumido toda la ofrenda del año anterior: sería buen augurio no encontrar nada de aquello.

Mientras tanto, las personas presentes van preparándose para realizar su don. Por dentro, recordando sus motivos de acción de gracias y sus nuevos pedidos.

Por fuera, con sahumos vegetales y oraciones.

Al son de música y musitando, de a dos la gente va pasando la ofrendar, con ayuda de quienes han preparado e invitado a la ceremonia.

Generosamente, se entrega a la Madre Tierra bebidas y comidas. Todo lo que es grato a las personas, debe ser compartido con ella.

Agua, jugos, coca-colas, cerveza, vinos y licores, comidas ricamente preparadas, dulces, postres, semillas preciosas... También cigarrillos y hojas de coca, sagradas bajo la protección de Mama Kuka.

Todo esto, mientras la gente alrededor continúa las charlas habituales, las infancias siguen jugando, los animales domésticos van y vienen.

Pachamama y la ofrenda forman parte de la vida doméstica cotidiana.

# RECIPROCIDAD

*Ayni* es uno de los nombres andinos de la reciprocidad en el don, dar, ofrecer.

En el equilibro y balance del *ayllu*, esto tiene dimensiones materiales y también espirituales.

No se concibe que haya personas que solo reciban, o solo den.

Cada cual puede aportar algo.

Cada cual puede y debe recibir retribución.

De diferentes formas: con el intercambio de objetos o acciones, como trueque o cambalaches, o de dinero.

Pachamama también da y recibe.

A los ritos de *pago* (dar), se añade a veces, especialmente en tiempos festivos:

*¡Pachamama, kusilla kusilla!*

Pachamama, sé propicia.
Sé generosa en tu don.

# UN CUERPO SABIO Y CONOCEDOR

El *pocpo* (cuerpo) es quien conoce. La sabiduría andina no concibe que pueda conocer con solo o primordialmente con una parte, por ejemplo el cerebro.

La consideración de "lo cognitivo" como desgajado del cuerpo, sería por ejemplo ajeno a esta cosmovisión.

Más allá de neurocentrismos, se concibe que cada cuerpo conoce con sus varios sistemas vitales, en su relación con el mundo.

Las diversas zonas del cuerpo tienen particulares cualidades para explorar y saber. Cada cual *mira y ve*, de modo literal, desde sus propios *ñawis*, u ojos, que son el órgano de conocimiento de esa zona del *pocpo*.

Las nociones de 'saber 'y de 'vivir' se hacen indisolubles en una palabra andina para designar el conocimiento: *yachay*.

En esta concepción, el cuerpo conoce mediante su acción práctica, que es el hacer, así como la percepción, la intuición y la creación.

El cuerpo lleva en sí huellas de lo que han conocido ancestros y ancestras.

También lo que han depositado las historias y hechos pasados en su recuerdo, signficado por la propia experiencia vital.

# UNIDAD Y DIVERSIDAD

En Pachamama, el todo es uno.

En ese uno fundamental, se encuentra toda la diversidad de la existencia.

El uno es la plenitud de lo diverso.

Lo diverso plenifica lo uno y único.

En cada ser que es, que está siendo.

También, respecto de la comunidad, todo que es unidad de todas las diversidades.

Que acoge y forma unidad en la diversidad de lo diverso.

Con todas sus formas de estar siendo, y sus intersecciones.

# SIN NECESIDAD DE INCLUIR

En Pachamama cada uno/a forma parte del todo. No como pertenencia, sino como parte.

La naturaleza no necesita incluir: es, sencillamente, en unidad y diversidad.

Para la intuición andina todo está incluido ya, por decirlo así.

La noción de 'incluir', como verbo de acción, o 'ser incluido/a' como condición o situación de objeto, no tiene sentido desde esta visión.

Quién o quiénes podrían arrogarse permitir o dejar lugar (o no), junto a sí, como iguales, a otros seres humanos, al 'incluirles'.

Tal vez inconscientemente habrían tenido antes que desplazar a esos semejantes, siquiera en su propio pensamiento.

Esos pares ya estaban siendo. Sin que aspectos de su diversidad, o su trayectotia en el tiempo, por ejemplo, condicionaran o fueran obstáculo para su ser *ayllu*.

En la cosmovisión andina la inclusión se da por supuesta, está implícita en *ayllu*.

# SUMAK KAUSAY Y DESARROLLO PERSONAL

*Sumak Kausay* va más allá del concepto de "ser feliz".

*Sumak* es plenitud, realización.

Kausay, vida, y también movimiento.

Encauza la noción de *bien-estar,* con un matiz.

Siempre en movimiento, en dinamismo vital, el bienestar de la cosmovisión andina es buen-*estar-siendo. Haciéndose.*

Nunca terminado, completo o cerrado.

También se traduce como "vida buena" y "buena vida": con sentido y propósito, esmerada, compartida, útil, trabajada; disfrutona, agraciada y agradecida.

*Sumak Kausay* es un camino vital, *ñan,* recorrido con sentido de comunidad global, universal, pero de modo personal y práctico.

Una vez y otra, como los ciclos de Pachamama, volviendo a empezar.

# EPILOGO

Al amparo de Pachamama, el autismo puede ser oportunidad para hacer un camino algo diferente a los conocidos en otras culturas del mundo.

En algunos aspectos, posiblemente más delicadamente adecuado y respetuoso.

Deseo para ti que el conocimiento del mundo andino inspire formas y tiempos de renovación.